Slaap lekker, kleine wolf

Dors bien, petit loup

Een prentenboek in twee talen

Ulrich Renz · Barbara Brinkmann

Slaap lekker, kleine wolf

Dors bien, petit loup

Vertaling:

Jonathan van den Berg (Nederlands)

Céleste Lottigier (Frans)

Luisterboek en video:

www.sefa-bilingual.com/bonus

Gratis toegang met het wachtwoord:

Nederlands: **LWNL2321**

Frans: **LWFR1527**

Goedenacht, Tim! We zoeken morgen verder.
Voor nu slaap lekker!

Bonne nuit, Tim ! On continuera à chercher demain.
Dors bien maintenant !

Buiten is het al donker.

Dehors, il fait déjà nuit.

Wat doet Tim daar?

Mais que fait Tim là ?

Hij gaat naar de speeltuin.

Wat zoekt hij daar?

Il va dehors, à l'aire de jeu.

Qu'est-ce qu'il y cherche ?

De kleine wolf!

Zonder hem kan hij niet slapen.

Le petit loup !

Sans lui, il ne peut pas dormir.

Wie komt daar aan?

Mais qui arrive là ?

Marie! Ze zoekt haar bal.

Marie ! Elle cherche son ballon.

En wat zoekt Tobi?

Et Tobi, qu'est-ce qu'il cherche ?

Zijn graafmachine.

Sa pelleteuse.

En wat zoekt Nala?

Et Nala, qu'est-ce qu'elle cherche ?

Haar pop.

Sa poupée.

Moeten de kinderen niet naar bed?

De kat is erg verwonderd.

Les enfants ne doivent-ils pas aller au lit ?

Le chat est très surpris.

Wie komt er nu aan?

Qui vient donc là ?

De mama en papa van Tim!
Zonder hun Tim kunnen zij niet slapen.

Le papa et la maman de Tim !
Sans leur Tim, ils ne peuvent pas dormir.

En er komen nog meer! De papa van Marie.
De opa van Tobi. En de mama van Nala.

Et en voilà encore d'autres qui arrivent !
Le papa de Marie. Le papi de Tobi. Et la maman de Nala.

Nu snel naar bed!

Vite au lit maintenant !

Goedenacht, Tim!

Morgen hoeven we niet meer te zoeken.

Bonne nuit, Tim !

Demain nous n'aurons plus besoin de chercher.

Slaap lekker, kleine wolf!

Dors bien, petit loup !

De auteurs

Ulrich Renz werd geboren in 1960 in Stuttgart (Duitsland). Hij studeerde Franse literatuur in Parijs en geneeskunde in Lübeck, waarna hij als directeur van een wetenschappelijke uitgeverij werkte. Vandaag de dag is Renz freelance auteur en schrijft hij naast non-fictie ook boeken voor kinderen en jongeren.

www.ulrichrenz.de

Barbara Brinkmann werd geboren in 1969 in München (Duitsland). Ze studeerde architectuur in München en is momenteel werkzaam bij de faculteit Bouwkunde van de Technische Universiteit van München. Ze werkt ook als grafisch ontwerper, illustrator en auteur.

www.bcbrinkmann.de

Hou je van tekenen?

Hier vindt je alle illustraties van het verhaal om in te kleuren:

www.sefa-bilingual.com/coloring

Veel plezier!

De wilde zwanen

Een sprookje naar Hans Christian Andersen

▶ Voor kinderen vanaf 4-5 jaar en ouder

„De wilde zwanen" van Hans Christian Andersen is niet voor niets een van de beroemdste sprookjes van de wereld. In een tijdloze vorm behandelt het de thema's van de menselijk drama's: angst, dapperheid, liefde, bedrog, afscheid en hereniging.

Beschikbaar in jouw taal?

▶ Kijk eens naar onze „Taalassistent":

www.sefa-bilingual.com/languages

Mijn allermooiste droom

▶ Voor kinderen vanaf 2-3 jaar

Lulu kan niet slapen. Al haar knuffels zijn al aan het dromen – de haai, de olifant, de kleine muis, de draak, de kangoeroe, de ridder, de aap, de piloot. En het leeuwenwelpje. Zelfs de beer heeft moeite om zijn ogen open te houden …
Hé beer, neem je me mee in je dromen?
Zo begint Lulu's reis door de dromen van haar knuffeligste knuffels – en uiteindelijk haar eigen allermooiste droom.

Beschikbaar in jouw taal?

▶ Kijk eens naar onze „Taalassistent":

www.sefa-bilingual.com/languages

© 2024 by Sefa Verlag Kirsten Bödeker, Lübeck, Germany

www.sefa-verlag.de

Special thanks to Paul Bödeker, Freiburg, Germany

Font: Noto Sans

All rights reserved. No part of this book may be reproduced without the written consent of the publisher

ISBN: 9783739906577